Vire o Jogo

Vire o Jogo

SUMÁRIO

APRESENTAÇÃO 6

INTRODUÇÃO 8

PILAR 1 16
COMPROMISSO COM A TRANSFORMAÇÃO

PILAR 2 24
COCRIAÇÃO COM O UNIVERSO

PILAR 3 32
IDENTIFICAÇÃO E REDEFINIÇÃO DO ESTADO ATUAL

PILAR 4 46
PROGRAMAÇÃO MENTAL E CRENÇAS POSITIVAS

PILAR 5 66
A VIBRAÇÃO DA GRATIDÃO E DO RECONHECIMENTO

PILAR 6 74
TREINO DE PROSPERIDADE E MEDITAÇÕES DE COCRIAÇÃO

PILAR 7 84
CONSTÂNCIA: O JEITO F.A.R.M. DE ENCARAR AS COISAS

CONCLUSÃO 92

APRESENTAÇÃO

INTRODUÇÃO

Todos sabemos que a vida é feita de escolhas, mas também a todo momento somos cobrados a tomar pequenas e grandes decisões individuais para a criação do futuro desejado de cada um.

Perceba: existem milhares de possibilidade de futuros disponíveis, e a realização de um outro depende inteiramente de suas **escolhas** e **decisões**.

Embora "decisão" e "escolha" estejam relacionadas, elas não são exatamente a mesma coisa. Quando se **escolhe** algo, é selecionada uma opção entre as várias disponíveis. Enquanto você escolhe, está avaliando e identificando uma preferência, mas ainda não significa um comprometimento definitivo com essa possibilidade. É, em resumo, o ato de observar as opções disponíveis e considerá-las em relação às suas preferências.

Decisão, por sua vez, é um ato muito mais profundo e definitivo. A palavra deriva do latim *decisĭo*, que significa "cortar fora" ou "separar". Decidir significa **fazer uma escolha**, assumir um compromisso, eliminando outras opções. É o ato de determinar um caminho a seguir, deixando para trás os outros. Para ficar mais claro, a **escolha** é o processo de avaliar opções, enquanto a **decisão** é o ato de se comprometer com uma dessas possibilidades e agir a partir disso. Podemos sempre escolher e ficar parados, mas decidir implica ação. As duas coisas andam juntas, mas você deve ter claro que embora a escolha seja uma parte intrínseca do processo, é a decisão a etapa-chave de comprometimento com o desenvolvimento.

Quando falamos de desenvolvimento pessoal para a prosperidade, essa compreensão é fundamental: a decisão é um ponto de virada, o momento em que você escolhe agir de forma clara e determinada para alcançar seu objetivo, seja ele qual for. No jogo da vida não dá para ficar para sempre diante de uma bifurcação, você **escolhe** qual caminho seguir e **decide** dar o primeiro passo da jornada.

Eu, William Sanches, terapeuta especialista em desenvolvimento de prosperidade, sei que se você está lendo estas palavras é porque entendeu que chegou a hora de **virar o jogo**, uma tarefa nada fácil, eu sei, mas a escolha e a decisão já foram tomadas quando você abriu esta obra.

INTRODUÇÃO

Nos próximos capítulos vamos trilhar juntos o caminho da mudança com os 7 pilares do método Vire o Jogo, desenvolvidos por mim e aplicados com grande sucesso em minha vida pessoal, e que agora será compartilhado com você. Prepare-se, a virada de jogo da prosperidade começa agora!

OS 7 PILARES DO MÉTODO VIRE O JOGO

Ao longo da vida, todos nós enfrentamos momentos de estagnação, entraves aparentemente intransponíveis e pequenas e grandes frustrações. Muitas vezes, sentimos como se estivéssemos presos em uma roda que mesmo com muito esforço de nossa parte, se recusa a girar. Imobilizados diante dessa sensação, passamos longos períodos carregando dores e culpas que nos impedem de prosperar. Com este livro, quero mostrar que você pode transformar completamente essa realidade, mudando o rumo da sua vida e redirecionando o seu futuro a partir de pequenas ações.

Meu objetivo é aparentemente simples, mas apresenta resultados profundos: quero despertar a força interior que já existe em você. Virar o jogo é assumir essa força, aceitar o protagonismo, considerar a própria convicção, abraçar a gratidão e, acima de tudo, ter coragem para mudar.

Transformar-se é assumir a responsabilidade sobre quem você é hoje e sobre quem você quer se tornar. Não se trata de mágica ou algo acontece de repente. Trata-se de decidir ser o cocriador da própria prosperidade, decidido a mudar todas áreas da sua vida. Você será levado a considerar seu estado atual, reprogramar sua mente com focos fortalecedores, adotar uma atitude de gratidão e, principalmente, praticar diariamente suas prosperidades. Você compreenderá que virar o jogo não é apenas uma questão de vontade, mas de comprometimento. Toda transformação começa com uma decisão, e se você decidiu mudar, este é o momento perfeito para cocriarmos juntos uma nova realidade a partir dos 7 pilares do método Vire o Jogo.

PILAR 1: Compromisso com a transformação

Comprometimento total com a mudança de vida, uma decisão firme e consciente de "virar o jogo" e iniciar uma jornada de transformação pessoal.

PILAR 2: Cocriação com o Universo

Compreensão de que somos cocriadores com o Universo, que Deus está presente em todas as coisas, inclusive em nosso interior.

PILAR 3: Identificação e redefinição do estado atual

Conhecimento e análise do próprio estado para definir o que precisa ser transformado. Afinal, para chegar em algum lugar é importante primeiro sabermos aonde estamos.

PILAR 4: Programação mental e crenças positivas

Identificação e substituição de conceitos limitantes enraizados em nossa mente por pensamentos positivos e fortalecedores.

PILAR 5: Vibração da gratidão e do reconhecimento

Abandono da vibração do desprezo ao reconhecer as vitórias e recursos presentes na vida, saindo da frequência da escassez para a da prosperidade.

PILAR 6: Treino de prosperidade e meditações cocriadoras

Prática diária de exercícios mentais, meditações e visualizações para a cocriação da realidade desejada. A reprogramação mental é constante. Hoje, amanhã e sempre.

PILAR 7: Desenvolvimento da constância

Viver o jeito **FARM** de encarar as coisas ao manter a frequência elevada sem perder o foco e se prender às cobranças.

Esta é uma jornada de autodescoberta e crescimento, que deve ser trilhada sem pressa, mas com profundo desejo de mudança. Considere cada página um convite para que olhe para dentro de si e descubra a força vital que o apoiará no processo de mudança que tanto deseja. As técnicas, reflexões e exercícios apresentados aqui são apenas guias, mapas que ajudarão na estrada para o próximo nível. Virar o jogo é mais do que uma ideia, é uma prática.

Tudo pronto? Convido você a virar o jogo junto comigo!

Treinamento on-line Vire o Jogo

Você sabia que também existe o treinamento on-line Vire o Jogo? Para saber mais, você pode acessar o endereço www.williamsanches.com ou https://vireojogo.net/workshop.

PILAR 1

COMPROMISSO COM A TRANSFORMAÇÃO

O primeiro passo para qualquer mudança significativa na vida é a adoção de um compromisso firme com a transformação. E não basta uma promessa vazia ou ideia passageira; é um ato consciente e poderoso, uma declaração de que você está pronto para virar o jogo. Ao assumir um termo de comprometimento com seu sucesso, você não está apenas colocando palavras em um papel, mas estabelecendo um acordo profundo com a pessoa mais importante de sua vida: você.

Esse compromisso é a raiz da mudança, o ponto de partida para todas as possibilidades que se abrem.

Comprometer-se com a transformação significa assumir 100% de responsabilidade pelo seu estado atual e pelo destino que você deseja criar, deixando de contar com terceiros na construção de seu sucesso e, por isso mesmo, nada muda realmente até que você tome uma decisão clara, definindo que aquele é o momento crucial de transformar pensamentos, atitudes e ações. Quando se compromete, você está tomando uma decisão que corta outras possibilidades, escolhendo conscientemente o caminho da prosperidade, do crescimento e do autocuidado. Essa é a essência do compromisso: cortar os vínculos que mantém você preso à sua zona de conforto e abrir espaço para novas oportunidades.

Esse processo envolve o entendimento que, para virar o jogo de uma vez por todas, é preciso mais do que desejo, é necessária ação. A mudança começa na maneira como você pensa e sente. Quando você decide mudar, suas opiniões, pensamentos e emoções se alinham em um mesmo objetivo. Imagine que, ao fazer essa escolha consciente e poderosa, o universo inteiro celebra, porque cada decisão firme que toma coloca em movimento forças que impulsionam você para frente. Isso não significa que não haverá obstáculos, mas sim que você estará preparado e disposto a superá-los, porque assumiu essa possibilidade quando se comprometeu. O compromisso também exige que você comece a ver realidade de forma diferente e menos parcial: você não é uma vítima do ocaso, é, na verdade, um cocriador poderoso dos caminhos de sua vida. Ao reconhecer que pensamentos moldam a realidade, você se permite transformá-los, mudando tudo o que considera insatisfatório. Isso significa trabalhar diariamente para substituir qualquer intenção limitante por novas crenças fortalecedoras, vibrar em harmonia com aquilo que deseja e usar a força da gratidão para reconhecer tudo o que já conquistou e o processo que o levará a novas conquistas.

Por fim, lembre-se de que comprometer-se com a transformação é uma prática diária. É acordar todos os dias com a determinação de ser protagonista da própria vida, mantendo-se firme em seu propósito. A decisão de virar o jogo começa em seu interior e se manifesta em suas ações: quando você assume esse acordo, dá o primeiro passo para reprogramar a mente, abrindo-se para novas possibilidades e atraindo as prosperidades que merece.

A verdade na hora de aceitar a mudança é o que separa o sonho da realização. Afinal, virar o jogo depende acima de tudo de uma escolha consciente de ser uma pessoa que transforma a própria vida. Chega um momento-chave da nossa vida em que um grito surge de nosso interior, muitas vezes um grito que está há tempos entalado em nós: "CHEGA! VOU VIRAR O JOGO". E acredite, é só quando colocamos para fora que a virada acontece..

Sei que você agora tomou uma iniciativa, e quando esse momento chega, todo o Universo comemora, porque você decidiu sair do estado apático atual para a transformação!

Então, assine seu compromisso, abrace a mudança e prepare-se para viver a melhor versão de você mesmo!

O **Pilar 1** é um dos mais importantes. É aqui e agora o momento em que assinaremos nossa nota de comprometimento.

Lembre-se sempre: você não pode começar nada sem se comprometer.

Sei que até aqui você usou uma metodologia de vida e está acostumado a contar com ela mesmo que nem sempre alcance seus objetivos, mas peço que, a partir de agora, confie em mim e comece a treinar a nova metodologia que apresento. Em muitos momentos você vai pensar em desistir, vai achar que nada irá funcionar, mas tem que manter a disposição, acreditando no potencial da mudança. Mas já aviso: se você chegou até aqui com a energia do medo, da dúvida, nem continue. Só assina um compromisso com o futuro de sucesso quem tem plena confiança de que o momento da virada chegou, quem tem força para buscar uma energia de prosperidade e abundância mesmo nos momentos em que parece tudo dar errado.

Já de início quero alertar que é um método novo, algo pode levar algum tempos até a sua mente se acostumar, mas você não deve deixar de persistir, porque a partir de agora quem vai virar o jogo, virar a página e abrir corpo e alma para a prosperidade é VOCÊ.

Nós temos um Deus maravilhoso, nosso Criador, e nós somos os cocriadores d'Ele, e por isso o título do meu trabalho, *Vire o jogo cocriando prosperidade*.

Chegou uma parte bastante importante para o desenvolvimento do nosso método, o momento de você assinar o termo de comprometimento. E quero que você ASSINE esse termo, isso mesmo, assine o documento a seguir e guarde-o ou cole onde puder. Essa é uma atitude que incentivará você a sempre visualizar o seu comprometimento profundo com a pessoa mais importante da sua vida: você

Apenas a sua própria companhia é eterna, então nada pode atrapalhar esse movimento de se colocar em primeiro lugar!

TERMO DE COMPROMETIMENTO

Eu, _____ , entro agora em um estado de comprometimento pessoal. A partir de agora colocarei em prática minhas melhores forças interiores e trabalharei com empenho na minha transformação pessoal.

Sei que sou responsável pela criação da minha realidade e estou pronto para transformá-la!

_____
Cidade, data e hora

_____
Assinatura

PILAR 1 EM 5 TÓPICOS

1. **Compromisso com a transformação:** A transformação pessoal começa com uma decisão firme e consciente. Assinar um termo de comprometimento é mais do que uma simples definição de objetivos; é um acordo pessoal profundo para virar o jogo e mudar a própria vida.

2. **Assumir responsabilidade total:** Virar o jogo significa assumir 100% de responsabilidade pelo seu estado atual e pelo destino que deseja criar. É a decisão clara e definitiva de cortar laços com antigas limitações e se abrir para novas possibilidades, escolhendo o caminho da prosperidade e do crescimento.

3. **A importância da decisão:** Mudar vai além do desejo, é necessário agir e se comprometer diariamente para o desenvolvimento. Uma decisão firme ativa forças do universo que impulsionam o progresso, ajudando a superar obstáculos e mantendo o foco na mudança.

4. **Mudar a mentalidade:** O compromisso exige uma nova forma de pensar e sentir. Reconhecer-se como cocriador da própria vida e se dispor a reprogramar a mente para substituir os atuais pensamentos limitantes por fortalecedores é um passo fundamental para atrair as interferências positivas almejadas.

5. **Prática e ação diária:** É exigida enorme determinação para sermos protagonistas da nossa vida. O compromisso diário é o que separa sonho e realização, e virar o jogo depende de uma escolha consciente de agir e transformar a própria realidade.

PILAR 2

COCRIAÇÃO COM O UNIVERSO

A ideia de que somos cocriadores da nossa realidade é uma verdade fundamental que deve ser absorvida por todos que desejam se desenvolver.

Tudo o que existe no universo está conectado, e essa força maior – que você pode chamar de Deus, energia, poder interior ou qualquer equivalência em que acredite – está presente em cada ser humano. Ao nos conectarmos com essa força, assumimos nosso papel como cocriadores conscientes de nossa vida, percebendo que cada pensamento, sentimento e ação gera uma vibração que influencia no que atraímos e manifestamos.

Ser cocriador consciente é compreender que a vida não acontece apenas ao seu redor; ela acontece através de você. Quando você se alinha com a força interior, percebe que pode mudar a rota da própria vida, direcionando pensamentos e ações para aquilo que deseja experimentar e mudar.

Com esse alinhamento perfeito, o universo responde à sua energia, e permite você a entrar em sintonia com vibrações de prosperidade, abundância e amor, e abre caminho para que essas experiências se manifestem em sua vida. A chave é entender que tudo começa dentro de você, depende do seu foco. É essa centelha divina que você carrega em seu interior que permite transformar sonhos em realidade, basta saber se conectar.

E se conectar significa sair do papel passivo de alguém que espera as mudanças e assumir a responsabilidade de ser cocriador, criando a sua realidade. Você possui o poder de mudar a narrativa de sua vida, e consegue deixar de ser apenas um espectador para ser alguém que escreve e reescreve cada capítulo como desejar. Essa mudança de mentalidade é fundamental para um despertar para o seu próprio poder, para sua capacidade de cocriar uma vida próspera e abundante.

Ao mudar a sua vibração interior, você muda também o que atrai para si. Lembre-se: você está num momento de **reconectar-se**, momento de grandes mudanças e possibilidades, então saber o que quer é passo importante no desenvolvimento.

Colocar no papel o que você deseja é uma maneira de aprender a ouvir sua intuição, avaliá-la de maneira analítica e sentir a presença do seu poder interior e usá-lo para reescrever sua história. Essas linhas de desejos, sonhos e mudanças possuem poder! Você possui poder!

> Avalie atentamente: em quais âmbitos da sua vida você quer virar o jogo?

_____
_____
_____
_____
_____
_____
_____
_____
_____

O exercício que acabou de fazer é muito importante, pois auxilia você a determinar o que se deseja com método e segurança para mentalizar mudanças, e cada pensamento positivo que cria, cada palavra de gratidão que expressa e cada ação inspirada que toma podem ser considerados sinais enviados ao Universo mostrando sua energia e como você está aberto a receber.

No entanto, ser um cocriador não é apenas pedir e esperar. É confiar, agir e vibrar na frequência daquilo que deseja. É saber que, ao alinhar-se com essa força maior, você se torna um canal para as prosperidades e vitórias fluírem. Reconheça essa presença divina em todas as coisas: nas pessoas, nas oportunidades, e principalmente, em si. Essa consciência de que Deus ou o Universo está presente em tudo ao seu redor torna você um ser completo, pronto para cocriar uma nova realidade, usando a força que já existe em seu interior.

Ser cocriador é ter consciência de que cada desafio é uma oportunidade, cada obstáculo um chamado para expandir, e cada momento uma chance de manifestar o melhor que a vida tem a oferecer. Você tem dentro de si uma conexão direta com o divino, e ao viver essa verdade, percebe que o poder para mudar de vida sempre esteve em suas mãos.

Então, abra-se para essa conexão. Seja uma ponte entre o que deseja e o que manifesta. Você é mais do que capaz de cocriar uma vida abundante, próspera e cheia de significado, então seja uma ponte entre o que deseja e o que realmente manifesta. Essa ponte é construída a partir de sua conexão interior, onde cada pensamento, emoção e ação se torna o alicerce para a realidade que você quer criar. A verdadeira força de um cocriador é saber que não é preciso ter todas as respostas de antemão ou prever cada detalhe da jornada, é viver cada momento com intenção clara e fé inabalável de que o desejado já existe de alguma forma e está pronto para se realizar. Quando você se conecta, permite que a energia do que deseja flua de dentro de você para o mundo exterior. Isso significa viver hoje como se já estivesse experimentando a vida que quer, sentir a alegria, a gratidão e a abundância como se fosse sua realidade presente.

A vida é cheia de oportunidades de cocriar, e essa força interior é como uma fonte inesgotável de recursos que você pode acessar a qualquer momento, não é algo que você precisa encontrar fora de si nem esperar que outros a concedam. Sempre esteve aí, pronta para ser acessada, nutrida e direcionada, é a mesma energia que incentiva o movimento, que inspira a ação, e dá coragem para tomar decisões e seguir em frente mesmo quando as situações parecem desafiadoras demais. E ao usá-la de forma consciente, você se torna o arquiteto da sua própria vida.

E essa é a beleza de virar o jogo: a compreensão de que tudo aquilo que você precisa para transformar a sua realidade está ao seu alcance. Não há distância entre você e seus sonhos, apenas o espaço necessário para que você alinhe seus pensamentos, eleve sua vibração e se permita receber. Acredite que, ao agir como essa ponte, você traz para o seu mundo a energia que deseja.

Ao fazer isso, você não apenas muda a sua própria vida, mas também se torna uma inspiração para os outros, mostrando que é possível cocriar uma realidade mais abundante e significativa. Porque além de criar para si, o alinhamento das energias possibilita também a expansão dessa aura de sucesso para as pessoas ao redor, permitindo que você devolva as mudanças em forma de energização do próximo.

Então, cruze essa ponte todos os dias. Reforce-a com a gratidão, construa-a com ações inspiradas, e caminhe por ela com a certeza de que você tem o poder de transformar sua vida e a dos outros. Seja essa ponte que une o que você deseja com o que você manifesta, porque, no final, virar o jogo é compreender que a verdadeira transformação começa e termina em você.

PILAR 2 EM 5 TÓPICOS

1. **Somos Cocriadores da Nossa Realidade:** Reconhecer que você possui uma força interior conectada ao universo ou ao divino, capaz de influenciar e criar a sua realidade, permite que você assuma o papel de cocriador consciente da própria vida.

2. **Alinhar-se com a energia da prosperidade:** Para manifestar o que deseja, é fundamental que seus pensamentos, emoções e ações estejam em sintonia com a prosperidade e a abundância, gerados como uma ponte entre seus desejos e o que você realmente manifesta.

3. **O protagonismo de sua jornada:** Deixe de ser um espectador e tome as rédeas das ideias de sua vida, compreendendo que suas escolhas e atitudes são fundamentais para transformar sua realidade e atingir seus objetivos, e afetam todos a seu redor.

4. **Conecte-se e fortaleça sua força interior:** A força interior sempre esteve disponível para você. Ao se conectar com essa energia e fortalecer positivamente positivas, você reprograma sua mente para uma vida próspera e significativa.

5. **Vivendo na vibração da abundância:** Adote uma postura de gratidão, fé e ação consciente, vivendo como se já estivesse experimentando a realidade que deseja. Assim, você atrai mais oportunidades, sucesso e plenitude para sua vida.

PILAR 3

IDENTIFICAÇÃO E REDEFINIÇÃO DO ESTADO ATUAL

Quando estamos no sentindo no fundo do poço, a sensação geral é que dá muito trabalho sair dessa situação, principalmente porque não temos mais energia para insistir na mudança. É nesse momento que precisamos de mais energia que o normal, energia que incentive a estagnação e o desejo de mudança a se tornarem ação. Não gosto muito de falar em guerras, mas a analogia a seguir ajuda a compreender a ideia.

A guerra é o momento em que o guerreiro mais necessita de suas forças e das técnicas que aprendeu em treinamento. O verdadeiro guerreiro vai para a guerra sem reclamar, porque sabe que o inimigo está à espreita, tentando invadindo a terra dele. Sua missão básica é o combate para defender o seu ideal.

Agora pense: o que acontece com a gente quando vamos enfrentar uma guerra, uma situação difícil, um desafio? Quando somos obrigados a enfrentar uma situação difícil, corremos grandes riscos de cair, porque ficamos tristes, desanimados, fragilizados no momento em que mais precisamos de força, a vontade de desistir cresce, e por isso mesmo temos que ter o dobro de persistência.

Pense que essa é a hora da verdade, o momento para virar o jogo, a hora de ser guerreiro, e por isso precisamos buscar aquela energia interior, aquela força vital. O desânimo pode até aparecer, mas aí dentro do seu peito tem uma força vital funcionando, fazendo com que você esteja aqui e agora persistindo e vencendo batalha a batalha.

É nessa hora que o pensamento guerreiro mostra que **você pode virar o jogo, porque você tem força, tem luz**. A partir de agora quero que você deixe essa luz brilhar constantemente, sem esmorecer. Não é fácil sair desse estado de apatia e desânimo, eu sei, mas é por isso que estou aqui, para apoiar você. Aos seguir os pilares da metodologia, você não está mais parado, você saiu do estado de inércia, você já está aqui, pronto para o desenvolvimento.

Descobrindo seu estado atual

Você já parou e pensou seriamente sobre o seu estado atual? Descreva com detalhes como você se sente neste momento.

_____
_____
_____
_____
_____
_____
_____

Se a sensação é de desânimo, de derrota, estou aqui para lembrar que você não chegou até aqui para ficar no mesmo estado em que iniciou a leitura. Você decidiu ir para outro patamar quântico, assinou um compromisso para galgar outro degrau. Isso é ser espiritualizado, isso é ser iluminado.

As escolhas de vida o trouxeram até aqui. Não sei tudo o que você viveu, mas nada melhora se você passa a vida olhando para trás e falando "Ah mas eu deveria ter feito diferente". Isso é carregar culpa, e ninguém prospera vibrando culpa. Não tem como ir para a frente, subir abrir um novo degrau na vida carregando culpa por algo que já passou e não vai mudar. Essas coisas já aconteceram, não têm volta, mas anime-se, agora você está treinando a sua mente para outro patamar!

Uma coisa importante: sentimentos como ansiedade, medo e culpa não o levam a lugar algum, apenas impedem que você se desenvolva. A partir de agora viva com o entendimento de que o que passou, passou, e esses momentos de dúvida e temor são a sombra que irão o acompanhar para que você possa ver a luz na vida. Não viva em um breu de medo, decepções e arrependimentos, essa atitude afasta você da vibração da prosperidade.

Ser positivo, próspero, grato, tudo isso emana uma boa energia, mostra que você tem luz. Mas não se engane: tudo isso é treino, é um esforço diário de seguir observando atitudes e mudando-as para ser uma pessoa melhor.

A Roda da Vida: sabendo para onde eu vou

No primeiro capítulo eu perguntei em quais aspectos da vida você quer virar o jogo, então já sabemos para onde você está indo, mas em que ponto você está? Ao chamar um aplicativo de carro, você primeiro precisa dizer aonde você está, e só então indicar o lugar de destino, certo? Toda jornada de transformação começa com a compreensão clara e inequívoca do início, e identificar o estado atual da sua vida é como usar um mapa: para traçar o caminho até o destino desejado, você precisa saber qual é o seu ponto de partida. Muitas vezes, seguimos em frente sem avaliar se estamos ou não no rumo certo, deixando emoções, nem sempre positivas e equilibradas, nos liderar.

Quando identificamos com clareza o nosso estado atual, damos um passo gigante em direção ao nosso objetivo. A transformação pessoal começa quando paramos de culpar o passado ou as declarações externas e começamos a focar no onde estamos e para onde queremos ir. Não estamos aqui para viver carregados de culpas ou tristezas, então é importante que você encare com coragem as escolhas que o trouxeram até este ponto com a certeza que daqui para frente, você pode fazer tudo diferente. Sua vida é o reflexo daquilo que você pensa, sente e faz, e ao identificar esses padrões, você ganha o poder de redefinir sua trajetória.

Ao redefinir o estado atual, você começa a ver o que precisa mudar e onde deseja colocar sua energia. Quais são as áreas que precisam de mais atenção? Onde você quer colocar seu foco para virar o jogo? Essa clareza permitirá que você crie um plano concreto e se mova de forma consciente em direção ao seu novo destino. A redefinição do seu estado atual é o início de uma nova jornada, onde você assume o controle de sua vida e se torna o protagonista de cada capítulo que virá, e a Roda da Vida, uma ferramenta prática de autoavaliação, o ajudará nessa definição.

Imagine uma roda dividida em áreas como carreira, relacionamentos, finanças, saúde, espiritualidade e desenvolvimento pessoal. Cada uma reflete um aspecto importante da vida a partir de uma escala, e ao preencher e observar atentamente essa roda, você terá uma visão clara do que está funcionando bem e do que precisa de ajustes, permitindo que você se posicione da maneira mais certeira para traçar o caminho da transformação.

Esse processo exige coragem. Reconhecer onde a vida está agora pode trazer à tona sentimentos e situações que você talvez tenha ignorado ou evitado, mas essa é a chave para mudar: aceitar o estado atual sem julgamentos e com muita determinação de crescer a partir dele. Seja honesto, olhe para cada área de sua vida e pergunte: "Estou feliz com esse resultado? Está me conduzindo na direção do sucesso que desejo? Estou vivendo a vida que quero ou apenas seguindo o fluxo das situações?".

Ao responder a esse tipo de pergunta, é essencial que você não se deixe levar pelo desânimo ou pela culpa. Entenda que identificar áreas desequilibradas ou com notas baixas não é motivo para desânimo. Cada ponto frágil identificado é uma nova oportunidade para fazer escolhas conscientes e redirecionar energia para aquilo que desejamos construir. Considere cada área com carinho e atenção, porque entender onde você está hoje é o primeiro passo para transformar sua realidade. Não se preocupe em alcançar a maior escala em todos os aspectos, a ideia não é buscar uma vida perfeita, sem desafios, uma vida impossível, mas uma vida em constante melhoria e evolução, com atenção redobrada em aspectos que sente que pode se desenvolver.

Esse é um exercício bastante pessoal e demanda profunda reflexão com um olhar sem vieses. Você é a única pessoa capaz de definir o que significa estar realmente satisfeito em cada área e, por isso, é importante que as defina corretamente para estabelecer metas e ações práticas que estimulem o crescimento e a transformação na vida. A partir do momento em que faz esse balanço e reconhece o estado atual, você assume o comando, direcionando sua energia para aquilo que deseja alcançar e, ao redefinir seu estado atual, alterando áreas de insatisfação, você decide conscientemente fazer com que sua Roda da Vida gire de forma equilibrada, próspera e cheia de abundância.

Reserve um momento para avaliar onde você está. Agora é o momento de olhar para dentro e analisar, com sinceridade, cada área da sua vida para entender o que precisa de atenção e o que precisa ser totalmente redefinido. Use a Roda da Vida a seguir como seu guia, seu mapa nesse caminho de descobertas. Essa é uma ferramenta que demanda honestidade e coragem, uma profunda análise pessoal, mas o resultado é a transformação que você procura com a disposição de redefinir cada aspecto necessário para viver a vida que você merece.

Avalie atentamente cada aspecto indicado na Roda da Vida a seguir, e cada um em uma escala de 1 a 10. Lembre-se de que este é um exercício para descobrir como você está, não aonde quer chegar.

A RODA DA VIDA

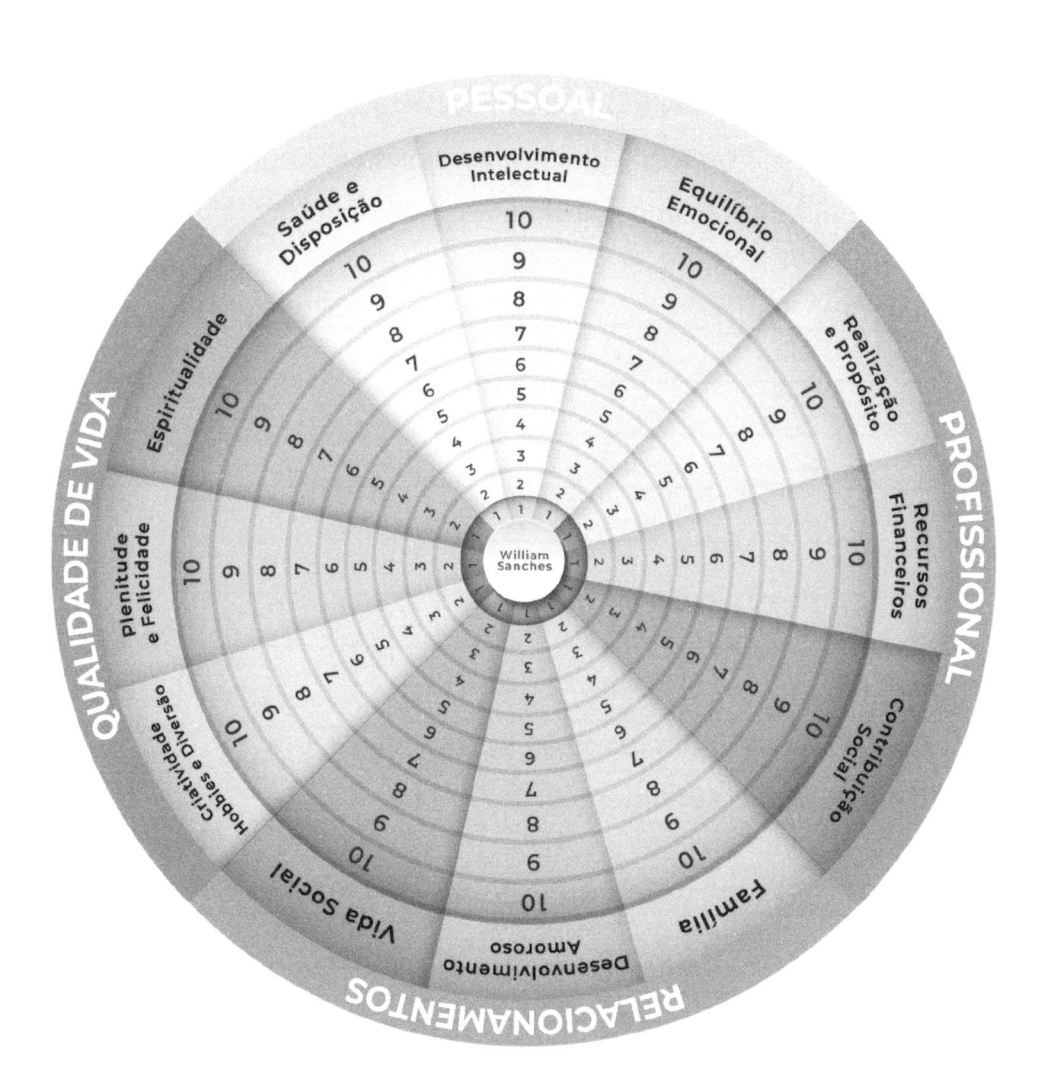

Quero agora que você avalie atentamente a sua Roda da Vida preenchida. Está tudo no lugar? Então agora é o momento de definir os dois campos que mais merecem atenção, aspectos da vida que precisam se desenvolver para que todos os outros possam fluir e girar em maior harmonia. Responda com sinceridade: a sua roda girou em harmonia ou está parada, travada? Os pontos estão equilibrados uns com os outros ou existe um degrau gigantesco entre os campos, muitas vezes impedindo a roda de girar?

_____
_____
_____
_____
_____

Como se sentiu olhando seu estado atual?
Descreva seus sentimentos.

_____
_____
_____
_____

Agora que definiu quais são os dois campos que merecem maior atenção, teve algum insight de por onde começar a mudar? Descreva as atitudes que você irá tomar para mudar a aparência da sua roda.

_____
_____
_____
_____
_____
_____
_____

PILAR 3 EM 5 TÓPICOS

1. **Conheça seu ponto de partida:** Entender onde você está agora é fundamental para iniciar qualquer processo de transformação. Avaliar seu estado atual permite identificar áreas que precisam de atenção e facilita traçar o caminho para mudanças positivas.

2. **Uso da ferramenta Roda da Vida:** A Roda da Vida é uma ferramenta que ajuda a visualizar diferentes áreas da vida como carreira, saúde e relacionamentos; e avaliar seu nível de satisfação em cada um dos aspectos possibilita identificar por onde começar a busca por equilíbrio e crescimento.

3. **Aceite e seja honesto com seu estado atual:** É preciso coragem para aceitar as áreas que precisam de mudança, e mais ainda agira para mudá-las. Aceite sua realidade sem julgamentos e use essa consciência como uma oportunidade para se fortalecer e crescer, deixando de lado culpas e arrependimentos.

4. **Defina as áreas de transformação:** Identifique as áreas da sua vida que demandam mais atenção e desenvolvimento, e estabeleça metas claras para transformá-las. Ser claro sobre o que precisa mudar permite direcionar a energia e o foco para as ações que fazem para virar o jogo.

5. **Assuma o controle de sua jornada:** Ao identificar e escolher mudar seu estado atual, você deixa de ser uma vítima das situações e se torna protagonista da própria história. Esse processo permite criar uma Roda da Vida que gira em equilíbrio e plenitude, o que garante a condução de uma vida com consciência e propósito

PILAR 4

PROGRAMAÇÃO MENTAL E CRENÇAS POSITIVAS

Para você que chegou até aqui, parabéns! Sei que agora você está olhando para sua vida com segurança, pois sabe onde está e consegue traçar o melhor caminho para onde quer chegar. Isso é fundamental para virar o jogo. Muitas pessoas desistem pelo caminho e você se mostrou forte, resiliente, teve força para superar, aprender e chegar até aqui, e agora está pronto para criar uma realidade seguindo no seu propósito. E assim vamos juntos!

Aqui está a oportunidade perfeita de escolher ouvir a inteligência, de se abrir para as lições, de aprender sem precisar passar pelo sofrimento

Aquelas dores que tiravam o sono e eram causa do seu desânimo agora devem ser vistas como a motivação para mudar, combustível para evoluir.

É hora de olhar para a sua mentalidade, seu padrão mental, ou, como é comumente chamado, o seu *mindset*. Seu padrão mental é a lente através do qual você vê o mundo e reage a tudo o que acontece. Ao longo da vida, vamos acumulando convicções, verdades absolutas que nos apegamos com tanta força que acabam moldando a nossa realidade e influenciando nossas atitudes. Quando acreditamos fortemente em algo, seja positivo ou negativo, isso se manifesta em nossa vida, pois é a energia que estamos sintonizando ao vibrar para o Universo.

Muitos dos desafios que enfrentamos nascem desses limitantes, padrões antigos que continuamos a repetir. Por isso é importante olhar para a Roda da Vida e analisar cada área sem raiva ou mágoa. Não amaldiçoe o que não está funcionando, porque essa vibração de deficiência só atrai mais coisas negativas. Em vez disso, perceba que cada experiência, boa ou ruim, trouxe você até aqui, mentalize-as como exemplos do que não fazer, padrões que não devem ser repetidos.

Dois tipos de mentalidade

Existem dois tipos de mentalidade: a do **vencedor** e a do **perdedor**. E não pense que um vencedor é aquele que ganha sempre. Um vencedor entende que os desafios são temporários e servem para levá-lo a um novo patamar. Quando uma porta se fecha, ele não vê isso como o fim da linha, apenas um desvio para algo melhor. Já a mentalidade do perdedor vê os obstáculos como permanentes, acredita que as coisas "sempre dão errado", e se coloca como vítima da vida. Vence quem entende que tudo na vida serve a um propósito maior, que todas as experiências, mesmo as difíceis e dolorosas, cooperam para o bem e o crescimento interior. Essa é a maior diferença entre essas duas mentalidades: o ponto de vista. O que você está colhendo agora é fruto do que plantou no passado, sim. Como dizia a sabedoria antiga, a plantação é livre, mas a colheita é obrigatória. Então leve isso ao pé da letra: não pense nas colheitas passadas, se você quer colher algo diferente no futuro, precisa plantar novas sementes hoje. Essa nova plantação começa com a reprogramação da mente, substituindo pensamentos limitantes para crenças fortalecedoras, alinhando suas emoções com a abundância que você deseja e plantando novas sementes de prosperidade e felicidade.

Ao mudar seu padrão mental, você muda a forma como percebe os desafios. Aquele com mentalidade vencedora, ao se deparar com um obstáculo, pergunta: "Por que isso está me acontecendo? O que posso aprender com isso? Como posso transformar esse momento em algo positivo?". Por outro lado, uma mentalidade perdedora reage com pessimismo, assumindo papel de vítima e se negando a aceitar a sua parcela de culpa: "Por que isso só acontece comigo? Por que sempre me fazem mal?".E atenção: ter uma atitude positiva não significa ignorar a realidade ou ser ingênuo é ver além da superfície, encontrar o aprendizado em cada situação e manter uma vibração elevada, sabendo que o melhor está por vir. Como diz a famosa reflexão: "Dois homens olharam através das notas da prisão. Um viu a lama, o outro viu as estrelas". Todos estamos na mesma situação, mas a perspectiva de cada um nos faz reagir de maneiras completamente diferentes.Então, avalie: onde você tem focado seu olhar?

Qual padrão mental você tem adotado? Como você se coloca diante dos desafios da vida?

Se você deseja cocriar oportunidades e mudar o jogo da vida, é hora de trabalhar para desenvolver um padrão positivo. Afinal, mudar a mentalidade e vibrar o sucesso e a gratidão é o primeiro passo para transformar sua realidade e viver a vida que você merece.

Criando padrões positivos

Até as palavras que você usa no dia a dia têm o poder de moldar a sua realidade. Cada coisa que você fala ou pensa carrega uma energia e, como uma profecia, molda o que você acredita sobre si mesmo e sobre a vida. Essa energia verbal reflete o seu padrão mental e impacta diretamente no que você atrai e vivencia.

Nosso objetivo é claro: criar um padrão positivo, mudar de dentro para fora. Esse é o ponto central de virar o jogo. Quando você escolhe palavras e pensamentos positivos, sua vibração muda, e com ela, você também se transforma.

Para entender melhor quais padrões você está cumprindo, vamos fazer um exercício simples. Na

tabela a seguir estão algumas frases comuns, usadas diariamente. Quero que você assinale todas aquelas que você pensa ou diz com frequência. Não preencha pensando no resultado e já em um autojulgamento, identifique quais dessas frases refletem sua realidade atual para que possamos começar a reprogramar sua mente para as prosperidades e a abundância que você deseja.

- Nada dá certo para mim;
- Estou cansado de errar sempre;
- Isso não é mesmo para mim;
- Não era para ser. Deus quis assim;
- Tudo para mim é mais difícil;
- Eu nasci assim e não mudo; Sou assim mesmo, não tem jeito;

- A vida não é fácil;
- É preciso ralar para se conseguir algo;
- Dinheiro é sujo;
- Não sou bom o suficiente;
- De que adianta estudar?;
- De que adianta viver?;
- De que adianta ser honesto?;
- De que adianta me arrumar, ninguém me olha mesmo;
- Ninguém se importa comigo;
- Desde o começo eu sabia que não ia dar certo;
- Tenho uma depressão há anos;
- Sou doente;
- Sou burro;
- Não sei guardar dinheiro;
- Nenhum homem presta;
- Mulher é tudo interesseira;
- Sou pobre mesmo;
- Vida de pobre é assim;
- O país está em crise, quando passar, eu mudo;
- Amanhã eu faço;
- Segunda eu começo;
- No ano que vem eu mudo;
- Não nasci para o amor;

- Nunca fui amado, as pessoas só estão comigo por interesse.

Agora seja sincero, como tem usado as palavras que saem de você?

Melhor ainda, me diga: seus pensamentos sobre você, como são? Quero que medite profundamente sobre sua própria percepção, e avalie com sinceridade se está sendo justo consigo, se está acolhendo o seu eu e permitindo que ele floresça para o sucesso.

Quero que escolha cinco frases negativas das que assinalou e as reescreva aqui de forma positiva. Por exemplo: "Nada dá certo para mim" deve ser reescrita para "A partir de agora, as coisas dão e darão certo para mim".

1. _____
_____
2. _____
_____
3. _____
_____
4. _____
_____
5. _____

Adotar um ponto de vista positivo é mais do que apenas acreditar que tudo vai melhorar, é construir uma forma mais poderosa e construtiva de ver o mundo, transformando cada dificuldade em uma oportunidade única de crescimento. Essa não é apenas uma maneira de ver as coisas, é uma postura a ser adotada, um comportamento reforçado diariamente. Os tipos de frases que você assinalou no exercício anterior dizem muito sobre como você se enxerga e se valoriza, e como isso reflete os resultados que tem atraído para sua vida. Lembre-se: como você pensa, fala e age cria a sua realidade. Não adianta mentalizar o desenvolvimento e continuar a agir e a falar de maneira negativa.

Um dos maiores estudiosos sobre comportamento humano, o psicólogo estadunidense Martin Seligman, dedicou mais de 25 anos para entender a diferença entre os pessimistas e os otimistas. E a conclusão é surpreendente: ser otimista ou pessimista não é uma questão de personalidade, mas sim uma escolha e um padrão mental que podemos aprender e transformar, é uma construção diária.

O que define um otimista? O otimista é aquele que vê os desafios como temporários e entende que tem poder sobre as próprias reações e escolhas. Ele não se abala facilmente, ele acredita que pode resolver os problemas e seguir em frente, basta canalizar a energia correta e não desistir no primeiro obstáculo. O otimista isola o que não está funcionando, evitando que contamine outras áreas e se concentra em encontrar soluções, focando nas coisas boas da vida e buscando melhorar constantemente suas habilidades e talentos para superar qualquer adversidade.

O que define um pessimista? Agora, vamos pensar no pessimista, aquele que encara as adversidades como o fim do mundo e reage a elas com um sentimento de impotência, como se não pudesse fazer nada para mudar sua realidade. Esse padrão de pensamento cria uma espiral de negatividade: tudo parece maior e mais difícil do que realmente é, e ele sempre se vê como vítima de situações, culpando-se por tudo e carregando essa bagagem de sofrimento e rancor por anos. O pessimista fala incessantemente sobre as coisas que deram errado e acredita que nada vai mudar.

E aqui está a sacada: a diferença entre o otimista e o pessimista está na interpretação que eles dão aos pensamentos e acontecimentos do dia a dia. A interpretação é o que determina as decisões, ações e expectativas em relação ao futuro. O que você escolher agora, a maneira como vê e reage à adversidade, define a qualidade de vida que terá daqui para frente.

Se não acredita em Seligman e sua pesquisa de décadas, ou em mim, que passei anos estudando como desenvolver o potencial humano, está tudo bem! A verdade é simples e universal: "Aquele que semeia pouco, pouco também colherá; mas quem semeia com fartura, com abundância também ceifará." É bíblico! É a lei da vida.

No final das contas, é a sua vida, e só você pode virar o jogo.

Agora que você já fez o exercício e compreendeu o mal que os pensamentos negativos fazem ao seu desenvolvimento, apresento a seguir todas aquelas frases negativas reescritas de forma positiva, aplicando a ideia de reprogramação mental. Não se esqueça: mudar a forma de pensar e ver o mundo é um desafio diário, e não deve ser abandonado.

- Nada dá certo para mim → Tudo que faço se transforma em aprendizado e crescimento, e cada dia estou mais perto do sucesso;
- Estou cansado de errar sempre → Cada erro me ensina algo importante, e estou evoluindo constantemente;
- Isso não é mesmo para mim → Eu mereço o melhor e tudo que é bom está vindo ao meu encontro;
- Não era para ser. Deus quis assim → Eu sou cocriador da minha realidade, e constantemente faço escolhas que me beneficiam;
- Tudo para mim é mais difícil → Eu supero desafios com facilidade e cresço com cada experiência;
- Eu nasci assim e não mudo → Estou constantemente tentando mudar e crescimento, quero evoluir a cada dia;

- Sou assim mesmo, não tem jeito → Eu tenho o poder de me transformar e alcançar o meu melhor;
- A vida não é fácil → A vida é cheia de oportunidades, e eu as aproveito com alegria e confiança;
- É preciso ralar para conseguir algo → Eu atraio resultados com esforço equilibrado e prosperidade natural;
- Dinheiro é sujo → Dinheiro é uma energia positiva que flui livremente para mim e me traz liberdade;
- Não sou bom o suficiente → Eu sou mais do que suficiente e tenho todas as habilidades possíveis para vencer;
- De que adianta estudar? → Todo conhecimento que adquiri me aproxima das oportunidades e da realização pessoal;
- De que adianta viver? → A vida é um presente maravilhoso, e eu crio a minha realidade cheia de alegria e propósito;
- O que adianta ser honesto? → A honestidade me alinha com o melhor da vida e atrai energia positiva e respeito;
- De que me adianta arrumar, ninguém me olha mesmo → Eu me amo e cuido de mim, atraindo admiração e amor;
- Ninguém se importa comigo → Eu sou amado e apoiado por pessoas que me valorizam e se importam comigo;
- Desde o começo eu sabia que não ia dar certo → Tudo dá certo para mim no tempo perfeito e com facilidade;
- Tenho uma depressão há anos → Estou me curando a cada dia, cada vez mais próximo da alegria e da paz interior;
- Estou doente → Eu sou saudável, forte e meu corpo se cura naturalmente;

- Sou burro → Eu sou inteligente e capaz de aprender tudo o que desejo;
- Não sei guardar dinheiro → Eu administro meu dinheiro com sabedoria e prosperidade financeiramente;
- Nenhum homem presta → Eu atraio homens respeitosos, amorosos e autênticos para minha vida;
- Mulher é tudo interessante → Eu atraio mulheres de valor e de coração puro para minha vida;
- Sou pobre mesmo → Eu sou próspero e mereço abundância em todas as áreas da minha vida;
- A vida de pobre é assim → Minha vida é rica em oportunidades e estou sempre evoluindo financeiramente;
- O país está em crise, quando passar eu mudo → Eu crio minhas próprias oportunidades, independente das influências externas;
- Amanhã eu faço → Eu ajo hoje e colho os frutos da minha determinação;
- Segunda eu começo → Eu começo agora e aproveito cada momento para melhorar;
- No ano que vem eu mudo → O que muda a vida não é o calendário e sim as minhas atitudes;
- Não nasci para o amor → Eu sou digno de amor, atração e relacionamentos amorosos e saudáveis;
- Nunca fui amado, as pessoas só estão comigo por interesse → Eu sou amado por quem eu sou, e atraio pessoas sinceras que me valorizam.

Perceba como é importante mudar a maneira de pensar para que o agir também se modifique. Essas afirmações positivas ajudam a reprogramar a mente para uma vibração de prosperidade e abundância, atualizando padrões limitantes e negativos por fortalecimentos e seguranças. Sempre que possível, volte à lista de frases negativas, escolha as que anda mais pensando ou verbalizando e mentalize a sua reprogramação, lembrando que a energia que vibra de você pode ser modificada.

Visualização para a cocriação

Agora, é hora de aprofundar sua paz interior, ir mais fundo no desenvolvimento pessoal. Pegue seus fones de ouvido e encontre uma música relaxante em alguma plataforma que você usa. Escolha um ritmo que o agrade, mas dê preferência àqueles que acalmam sua mente. Feche os olhos e inspire profundamente. Solte o ar lentamente e abra os olhos. Leia atentamente o texto a seguir, sentindo cada frase tocar seu âmago. Faça isso quantas vezes precisar, e permita-se conectar com as bençãos que já estão esperando por você.

Reconheça sua essência, reconheça o teu corpo, reconheça a tua luz divina, reconheça que você está em um momento de virar o jogo, reconheça tudo o que você viveu até aqui, agradecendo por todos esses momentos, agradecendo todas as pessoas que passaram pela sua vida.

Honre todas as situações que você viveu, porque foi por meio delas que você se trouxe até aqui.

O teu espírito é luz, o teu espírito recomeçou quantas vezes foram precisas.

Não tenha medo de recomeçar e de reconstruir a partir de agora, simplesmente respire [inspire e respire profundamente], porque você está reprogramando a sua mente.

Você reconhece tudo de positivo que tem dentro do teu corpo, desde os órgãos que estão funcionando em harmonia até o emocional, parte fundamental para que você virasse o jogo.

Agradeça a tua mente, tudo o que está funcionando para que você possa compreender e ter todo o preparo para que você avance para um novo degrau quântico.

[Respire fundo, solte o ar]

Eu quero que você se imagine dentro de uma grande gaiola.

Uma gaiola grande, vistosa, mas você se sente preso a ela, tolhido.

Mentalize o movimento de checar se a porta da gaiola está trancada. Quando você se aproxima, percebe que a porta ela está só encostada, então você caminha para fora, respirando com alívio [inspire e espire profundamente], em paz.

Essa gaiola representa todas as suas crenças limitantes, todas as verdades absolutas que todo esse tempo impediram você de prosperar e virar o jogo até aqui. Saiba que essa gaiola imensa e pesada fica para trás nesse momento, você tranca a porta pelo lado de fora, garantindo que você não volta mais para aquela situação.

Respire fundo, sinta o alívio tomar conta do seu corpo, sentindo a energia transbordante de prosperidade e abundância que só são possíveis porque você se libertou de sua gaiola.

[Respire e solte o ar com profundidade]

Esse momento de libertação da gaiola permite que você se abra para o universo, que agora trará os recursos necessários para a sua prosperidade.

Continue caminhando, caminhando, caminhando, até chegar aos pés de uma grande montanha.

Uma montanha com muitas árvores, pedras, rochas, também muito alta, mas que não o aflige: você decide subir a montanha e dá o primeiro passo em direção ao topo com enorme confiança.

Você sabe que o caminho é íngreme e pode levar semanas, mas o importante, o primeiro passo, já foi dado [inspire e espire lentamente]. Passo a passo, sem pressa, você sobe a montanha, vencendo todos os desafios, nunca deixando de respirar fundo e aproveitar o trajeto.

Quando finalmente chega ao topo, você encontra um mestre. O olhar do sábio o acalma, e ele sorri, abre os braços e o acolhe, parabenizando por você ter realizado a subida à montanha da vida.

Ele te mostra todo o caminho, todos os desafios que você venceu para chegar até ali, todas as pessoas que você ajudou e todas aquelas que o ajudaram. No alto daquela montanha você pode ver todos os momentos importantes a tua vida.

Puxe e solte o ar com profundidade. Aprecie a plenitude, a felicidade suprema que há muito tempo você não sentia, mas que agora está presente e faz de você uma pessoa mais relaxada.

Percebendo o seu novo estado de espírito, o mestre diz "Você virou o jogo da própria vida. Decidiu subir e veio, fugiu da gaiola que te prendia, deixando no pé da montanha todo o peso desnecessário e sem olhar para trás, porque o seu objetivo, o topo, é tudo o que te interessa.

O mestre, vendo sua transformação, permite que você faça um pedido, algo para você e mais ninguém.

[respire fundo, feche os olhos, faça o pedido. Espire lentamente, abra os olhos.]

Descreva, a seguir, o pedido realizado ao mestre durante a meditação. Seja bem detalhista, descreva a sensação de estar no topo, em profunda calma o júbilo da conquista e a excitação pela oportunidade do pedido único.

_____
_____
_____
_____
_____

Você pode voltar aqui e fazer essa meditação sempre que precisar reorganizar suas energias, relembrar seu caminho do sucesso e gratidão do trajeto trilhado.

Antes de seguir, gostaria de te lembrar que também existe o Treinamento Online Vire o Jogo: cocriando prosperidade. Caso você ainda não esteja nele, você pode acessar meu site principal www.williamsanches.com ou entrar direto no **Treinamento Vire o Jogo** https://vireo-jogo.net/workshop

PILAR 4 EM 5 TÓPICOS

1. **Reprogramação mental e transformação de crenças:** Seu mindset, sua mentalidade, é a lente que filtra como você vê e reage ao mundo. Um dos passos para virar o jogo é observar seu estado atual e considerar padrões de pensamento limitantes, alterando-os por frases positivas e de ação.

2. **Poder das palavras e do pensamento positivo:** As palavras que você mentaliza e pronuncia moldam a sua realidade, então falar e pensar de forma positiva transforma sua vibração e, consequentemente, o que você atrai desenvolvimento para sua vida.

3. **Padrões de otimismo e pessimismo:** Sua mentalidade pode ser dividida em dois padrões: vencedor ou perdedor. O vencedor vê desafios como temporários e oportunidades para crescer. O perdedor vê os obstáculos como permanentes e se coloca no papel de vítima. Qual é o seu?

4. **A importância da gratidão e da aceitação:** Reconhecer e agradecer cada experiência vívida, seja ela boa ou ruim, é fundamental para mudar a vibração e atrair prosperidade. Acolher seu estado atual, sem culpa ou raiva, abre espaço para buscar o novo em seu coração.

5. **Meditação e visualização para transformação:** A prática da meditação e visualização é uma ferramenta poderosa na reprogramação da mente e conexão com a abundância. Exercícios de visualização como se libertar da gaiola de pensamentos limitantes e a subida pela montanha da vida em direção a uma nova realidade ajudam a fortalecer a crença no próprio poder e devem ser feitos com o objetivo de reenergizar o seu propósito.

PILAR 5

A VIBRAÇÃO DA GRATIDÃO E DO RECONHECIMENTO

A gratidão é a chave para se conectar com a prosperidade e a abundância do Universo. Para vibrar na gratidão, comece a focar no que já possui, deixando de lado o que falta e se concentrando em vitórias, conquistas e recursos. Essa mudança tira o foco da mentalidade de desvantagem e coloca você alinhado à frequência da diversidade, abrindo portas para que a vida te ofereça ainda mais.

Pense na forma como você faz pedidos. Seja em uma oração ou simplesmente quando deseja algo para sua vida, como é feita essa visualização? A maneira como você vibra é fundamental. Muitos de nós aprendeu a pedir na vibração da falta, implorando por algo que ainda não tem. Essa atitude, na verdade, reforça a sensação de que algo está faltando e, sem perceber, entramos em uma vibração de deficiência por nossa própria culpa.

> "Pois a quem tem, mais será confiável, e possuirá abundância; mas quem não tem, até o que tem será tirado."
>
> **Mateus 25:29**

Essa passagem é um ensinamento profundo, que deve ser absorvido por todos. A sabedoria por trás dessa frase reflete o poder da gratidão. Antes de pedir qualquer coisa, reconheça a energia na qual você está vibrando, aprecie tudo o que já conquistou. Se você já possui muitas coisas e não é grato, está na vibração do desprezo, do pouco caso, e é justamente essa vibração que o afasta da prosperidade. Quando você não é capaz de agradecer pelo o que já tem, o Universo entende que você não valoriza seus recursos e a energia da abundância se afasta.

Faça a seguinte reflexão: por que o Universo traria novas oportunidades e vitórias se você não é grato a tudo o que já recebeu? Quando você vibra a energia da escassez é correspondida com mais dela pelo Universo. A vibração da escassez atrai mais dessa mesma energia para sua vida, então devemos evitar a vibração da falta. Por outro lado, quando reconhece e agradece pelo que já tem, você amplia essa de gratidão, de bom uso do que foi oferecido, atraindo ainda mais prosperidade. É por isso que a passagem bíblica é tão reveladora: a quem tem gratidão, mais será dado, e a quem não tem, até o pouco que possui será tirado.

Há um ditado que diz: "Dinheiro traz dinheiro", e ao contrário também é verdade: escassez traz escassez. O dinheiro é uma forma de energia e, assim como qualquer outra coisa, segue as leis da prosperidade e da abundância, então se policie para não vibrar na falta, no desprezo pelo já conquistado. Procure vibrar na gratidão, pelo orgulho do que já tem.

> Jesus disse: "Eu vim para que tenhas vida, e vida em abundância".
>
> **João 10:10**

Essa abundância citada por Jesus não se refere apenas a dinheiro ou bens materiais, mas a todos os aspectos de sua vida. Quando você registra a energia que o dinheiro traz, e é grato por ela, abre espaço para que mais borboletas de sucesso fluam para você. E veja um detalhe importante: quando cito exemplo de Jesus não estou falando de religião e sim do Mestre, a figura de alguém iluminado no caminho da vibração positiva. Eu poderia citar muitos outros aqui, mas essa frase e esse ensinamento são muito importantes em minha vida e quis compartilhar com você.

Existem pessoas que encaram a vida já pensando pequeno, contando apenas com a "tampinha de remédio", ou seja, vivem todos os aspectos da vida com uma mentalidade de escassez, de falta. Mas você pode escolher se abrir para que o universo te ajude mais.

Toda vez que estiver enfrentando um desafio, lembre-se do mantra: "Tudo vem a mim com facilidade, alegria e glória!".

Sonhar pequeno ou sonhar grande exige a mesma energia, então por que limitar seus sonhos? Abra-se para a vida em grande escala, eleve sua vibração e deixe que a abundância venha até você.

Como Treinar a Gratidão?

Praticar a gratidão é um exercício simples, nossas vidas atribuladas que complicam, mas é só desacelerar alguns minutos por dia para que possamos agradecer pelo que conquistamos e estamos a caminho de receber. Você pode, por exemplo, começar um diário onde, diariamente, escreve dez coisas pelas quais é grato. Reconheça e agradeça todos os dias por aquilo que já tem, mas atenção: não adianta vibrar gratidão nesses minutos e depois passar o resto do dia alimentando medos, reclamações ou fofocas. Essas atitudes diminuem sua vibração e voltam a colocá-lo na energia da escassez.

Responda: quais são as **10 coisas que fazem de você uma pessoa grata hoje?**

A gratidão não precisa ser exercitada apenas quando se conquista grandes coisas: comece pelo simples, pelo o que você já possui e que lhe dá orgulho. Cada pequeno reconhecimento causa em você uma boa vibração e desloca da vibração do desprezo, que é focado no que está faltando. Estar nessa vibração do desprezo bloqueia o fluxo de borboletas de sucesso que poderia entrar em sua vida.

Quando você se abre para a gratidão, se afasta da escassez e permite que a prosperidade bata à sua porta e entre em sua vida. Se você está grato, confirme tudo de bom que o Universo já te trouxe, assim, as borboletas não apenas batem à sua porta – elas entram e transformam sua vida.

Lembre-se: a prosperidade bate à sua porta, mas é a sua gratidão que abre o caminho para que ela entre.

PILAR 5 EM 5 TÓPICOS

1. **Foque na gratidão para atrair abundância:** Mudar a vibração do desprezo para a gratidão é essencial para sair da mentalidade de escassez e abrir-se para as borboletas prosperidades. Agradecer pelo o que já se tem é passo fundamental para se conectar com a energia de abundância.

2. **Como fazer pedidos e pedir de forma positiva:** Quando você faz pedidos na vibração da falta, reforça o que não tem. A vibração da gratidão, por outro lado, coloca você na frequência certa para receber. Antes de pedir, reconheça e valorize o que já possui para entrar na vibração certa.

3. **A Vibração do desprezo bloqueia a prosperidade:** Não se preocupe ou reclame do que você ainda não conquistou, assim você coloca foco na escassez, impedindo a chegada de coisas novas para a sua vida. O universo não traz prosperidade para quem não valoriza o que já possui.

4. **Pratique a gratidão diariamente:** A prática da gratidão pode ser exercitada todos os dias por poucos minutos. Você pode começar com um exercício simples: listar dez coisas pelas quais você é grato a cada dia. Agradecer conscientemente pelas pequenas coisas mantém a vibração elevada e afasta os pensamentos de falta e medo.

5. **Abra-se para a abundância com uma mentalidade de grandeza:** Pensar grande atrai mais abundância e sucesso. As ameaças batem à porta de todos, mas é uma vibração de gratidão e reconhecimento que abre o caminho para que apenas a grandeza bata e entre, transformando sua vida.

PILAR 6

TREINO DE PROSPERIDADE E MEDITAÇÕES DE COCRIAÇÃO

Virar o jogo é mais do que um ato isolado de mudança, que é abandonado quando o objetivo é alcançado; não, é uma prática contínua, um hábito, é a decisão diária de construir a vida que você deseja e vibrar por esse desejo. Reprogramar sua mente, visualizar seus objetivos e sentir as sensações de sucesso fazem parte desse processo de cocriação e não pode ser deixada de lado, afetando negativamente toda a sua vibração. Aqui, a ideia é clara: se você deseja viver uma vida abundante, precisa se colocar todos os dias na frequência dessas borboletas.

Pense em sua vibração para universo como um músculo que precisa de exercícios constantes para se fortalecer. Da mesma forma que você treina o corpo para alcançar a força física, também deve treinar sua mente para desenvolver pensamentos poderosos e positivos que impulsionem você a agir. E, como qualquer prática, é a repetição que cria maestria.

A visualização é uma das ferramentas mais poderosas para reprogramar sua mente.

Quando você se dedica diariamente a exercícios mentais, meditações e visualizações, constrói uma nova forma de pensar e, consequentemente, uma nova forma de viver.

Apresento aqui uma maneira simples de iniciar as visualizações diárias: Imagine-se já vivendo a realidade que deseja: sinta a alegria, a gratidão e o entusiasmo de quem já está experimentando o sucesso.

Simples, não? Por mais que pareça, essa prática não é apenas "imaginar", essa mentalização coloca você em uma vibração de alinhamento com a vida que você quer manifestar. E quanto mais você se vê vivendo essa realidade, mais a sua mente e as suas ações se alinham para fazer com que ela se torne real.

Meditar também faz parte desse processo.

E aqui não significa apenas um momento de silêncio; é uma oportunidade diária de se conectar com sua essência, de ouvir sua intuição e de silenciar os pensamentos negativos e preocupações que podem estar bloqueando sua prosperidade.

Quando você medita, cria espaço para que novas ideias, oportunidades e inspirações surjam. Essa conexão interior é fundamental para que você possa manter o foco em seus objetivos e naquilo que quer manifestar.

A prática diária, tanto da gratidão, da visualização e da meditação, é um ato de autocomprometimento. Reserve um tempo para você, não deixe que as atribulações do dia a dia afastem você do seu propósito. No horário reservado para sua prática, coloque uma música que o inspire, fique de olhos fechados e respire profundamente, acalme a mente e visualize sua vida abundante, próspera e feliz, mesmo quando você não se sinta assim. Ao repetir esse processo todos os dias, você está espalhando pelo Universo as sementes de abundância que, com o tempo, crescerão e darão frutos.

Acho importante voltar em um tópico que conversamos anteriormente: **a reprogramação mental não acontece de um dia para o outro**. Este é um processo longo e constante, que exige paciência, disciplina e dedicação para que a vibração sempre esteja alinhada com os seus desejos. Todos os dias, você tem a oportunidade de se conectar com a energia das borboletas e ajustar sua vibração para a abundância que deseja, e quanto mais você pratica no dia a dia, mais fácil fica se manter nessa vibração de sucesso. Prosperidade e abundância é treino. De nada adianta se você colocar tudo o que aprendeu embaixo do braço e sair andando, tudo vai ficar do mesmo jeito.

Hoje, amanhã e sempre, sua mente estará trabalhando com você – ou contra, depende apenas da sua vibração.

Cabe a você escolher de que forma sua mente vai atuar, então faça a escolha consciente de virar o jogo todos os dias. Tenha em mente que a cada exercício mental, cada visualização, cada meditação, você constrói o caminho para a sua realidade sonhada, cocriação após cocriação.

Meditação da cocriação

O exercício a seguir é um método para que você consiga cocriar a sua prosperidade a caminho mentalizando já nela. Vou te dar um exemplo: se o seu desejo mais profundo é chuva, você não vai orar pedindo chuva, você vai **vibrar** e **sentir** a chuva:

A partir de agora, você vai sentir o cheiro da chuva, aquele cheiro de poeira que levanta, o ar mudando, ficando mais úmido, o vento agitado, e vai começar a sentir os respingos da chuva no rosto.

Respire fundo, solte o ar, sinta os seus pés molhados tocando a lama, sinta o cair da chuva, escute o barulho, sinta como é ter a chuva escorrendo pelo seu rosto, sinta se vibrar e harmonia com a chuva.

Agradeça a chuva, sinta a chuva, dance na chuva, brinque com a chuva que chegou. Agradeça a chuva.

Percebe como é diferente? Nós não ficamos orando pedindo chuva em desespero, vibrando na falta. Sempre mentalize: eu **sou cocriador da minha realidade da minha prosperidade, e eu virei o jogo, então eu vou trazer a prosperidade**.

Chegou mais um daqueles momentos de colocar uma música de alta vibração e se concentrar. Dê play e leia calmamente o trecho a seguir, sentindo cada frase como uma verdade universal.

Respire fundo.

Eu quero que você se sinta entrando em uma casa grande, ampla, bonita. Calmamente, apreciando o ambiente, toque os móveis, veja como são os quadros nas paredes. Inspire profundamente, sinta os cheiros que tem nessa casa.

Sinta como é estar nessa casa, ouça o barulho dos pássaros no jardim, o barulho da água da piscina ou dor mar. Você já reparou qual é a cor da cortina? Abra a cortina, sinta o sol batendo no seu rosto, iluminando o grande cômodo através dessa vidraça resplandecente.

Sinta como é viver nessa casa e como é gostoso e seguro estar ali. Como você sente orgulho de chamar ali de lar.

Agradeça a casa, sorria para o ambiente, vibre felicidade, esteja com a mente inteiramente com você nessa casa, aproveitando o momento, se amando.

Respire fundo, solte o ar lentamente.

Agora me diga: você percebeu como a sua vibração mudou? Agora que levou a sua mente para lá, você está se sentindo naquela casa.

É assim que funciona a meditação da cocriação: todas as vezes em que penso em alguma coisa, eu levo a minha mente para lá, eu crio a maior quantidade de detalhes possíveis, eu sinto o que desejo, vivencio o que está a caminho.

Pensamento vira palavra, palavra vira atitude, atitude vira hábito, e o hábito transforma a sua realidade.

PILAR 6 EM 5 TÓPICOS

1. **Cocriação é prática diária para a prosperidade**: Virar o jogo é um processo contínuo de reprogramar a mente por meio de exercícios diários, meditações e visualizações. A prática permite que você se conecte com a abundância para cocriar uma nova realidade.

2. **Visualização para entrar na frequência da abundância**: Visualizar-se já vivendo a realidade desejada é fundamental para alinhar sua vibração às borboletas que você quer manifestar. Sentir as emoções do sucesso e da gratidão faz com que a mente e as ações se alinhem com a nova realidade que você quer atrair.

3. **Meditação para conexão interior e silenciamento do negativo**: A meditação é uma ferramenta poderosa para excitar a mente, ouvir sua intuição e eliminar pensamentos negativos. Auxilia ainda a criar espaço para novas ideias e inspirações, a manter o foco nos objetivos e amplia a conexão com a prosperidade.

4. **Mudança de vibração e reprogramação constante**: A reprogramação mental é um processo constante e exige prática, paciência e dedicação. A prática diária de visualizar, meditar e se conectar com a energia da abundância eleva a vibração e faz com que as borboletas fluam naturalmente para sua vida.

5. **A prática é a chave para a transformação da realidade**: Pensar, sentir e agir de acordo com as borboletas do sucesso cria hábitos que moldam a realidade desejada. Transformar pensamentos em palavras, palavras em atitudes, e atitudes em hábitos é base para construir uma vida abundante e próspera.

PILAR 7

CONSTÂNCIA: O JEITO F.A.R.M. DE ENCARAR AS COISAS

Na jornada de virar o jogo, ter uma abordagem estruturada é ter um mapa para o sucesso: evita que você se perca no caminho e mantém o foco no destino. Muitas vezes, temos grandes sonhos e objetivos, mas sem uma estratégia clara, acabamos desperdiçando energia, nos distraindo e perdendo muito tempo com o que não é essencial. É por isso que adotar uma metodologia prática e direcionada é tão crucial.

E é aqui que o jeito FARM se torna uma ferramenta poderosa. Construído sobre quatro pilares – Foco, Ação, Resultado e Melhoria Contínua – esse método é um guia simples, mas eficaz para que você avançar de forma consistente em direção às suas metas. Ele funciona como uma bússola que aponta para o seu propósito, direcionando sua atenção e esforço para o que realmente importa.

Cada um dos seus pilares se complementa para criar um ciclo de desenvolvimento pessoal e profissional que mantém você sempre avançando. A força da metodologia está em sua simplicidade e fácil aplicação. Seja para atingir um objetivo profissional, desenvolver um hábito positivo ou transformar qualquer área de sua vida, o método FARM oferece uma estrutura prática para fazer o desejado acontecer. Você deixa de apenas reagir às estatísticas ao redor e passa a agir de maneira estratégica, torna-se um construtor ative de uma mentalidade de crescimento e evolução. Esta é uma ferramenta que pode ser aplicada a qualquer meta, grande ou pequena, porque se baseia em princípios universais de progresso e realização.

A seguir, vamos explorar cada componente do jeito FARM de encarar as coisas e entender como ele pode ser aplicado para virar o jogo, mudar a sua mentalidade e cocriar a realidade que você deseja viver.

FOCO
A direção certa para o sucesso

Foco é onde tudo começa. Sem uma direção clara, qualquer movimento se torna inútil. Aqui, a ideia é concentrar sua energia em objetivos específicos ao definir prioridades claras. Pergunte-se: "Onde eu quero chegar? O que é realmente importante para mim?". Ter foco significa eliminar distrações, saber dizer 'não' ao que não ajuda no processo, e direcionar seu tempo e energia para aquilo que vai gerar os resultados desejados. Definir metas claras é o que o coloca no caminho certo e dá a certeza de que cada passo está levando você na direção ao seu objetivo.

> **Dica prática:** Faça uma lista de suas prioridades e mantenha-as visíveis para que você possa se lembrar, diariamente, do que realmente importa para você.

AÇÃO

Transformando intenções em movimento

O foco é crucial, mas ele só se transforma em realidade quando acompanhado de ação. Ter claro quais seus objetivos não são suficientes; é preciso agir com determinação e constância para alcançá-los. A ação é o que liga o sonho à realidade, e é por meio dela que você sai do lugar e caminha rumo ao sucesso. Aqui, disciplina, proatividade e execução de tarefas são fundamentais. Cada ação que você toma, mesmo que pequena, é um passo a mais em direção à sua meta.

> **Dica prática:** Comece todos os dias com uma ação específica que se aproxima do seu objetivo. Pequenos passos consistentes criam uma grande transformação ao longo do tempo.

RESULTADO

Avaliando o progresso

Ações sem resultados são como barcos sem leme: carecem de direção e propósito, por isso, o próximo passo é analisar os resultados obtidos para garantir que você está no caminho certo. Acompanhar o progresso é crucial para entender se suas ações estão gerando o impacto esperado. É hora de avaliar o que está funcionando e o que precisa ser ajustado, esse processo é essencial para entender se você está avançando de acordo com suas metas ou se é necessário mudar a rota para melhorar os resultados.

> **Dica prática:** Ao final de cada semana, reveja o que você fez e quais foram os resultados alcançados. Reflita sobre o que não deu certo e onde é preciso mudar.

MELHORIA CONTÍNUA

Crescimento constante

Uma vez que você analisa seus resultados, compreende o jeito que funciona, é hora de se comprometer com a melhoria contínua. Essa etapa é aprender com a experiência, ajustar o que for necessário e buscar novas formas de aprimorar suas estratégias e habilidades. A melhoria contínua mantém você em movimento, evitando a estagnação e garantindo um crescimento constante e progressivo. Não importa quão bom tenha sido o resultado, sempre existe uma maneira de fazer melhor, ou pelo menos mantê-lo. Este é o ciclo de evolução: cada experiência é uma oportunidade de melhoria e cada erro reforça o seus degraus para o sucesso.

> **Dica prática:** Adote o hábito de fazer perguntas como "O que posso melhorar?", "Como posso ser mais eficaz?" ou "Que estratégias novas posso testar para obter resultados ainda melhores?". A resposta para esse tipo de questão geralmente vem em forma de insights valiosos.

Colocando em prática

O método FARM é uma ferramenta poderosa para quem deseja mudar o jogo em qualquer área da vida. Ele mantém você focado, em movimento e sempre em evolução. Não se trata de ser perfeito, mas de estar disposto a agir, medir seus progressos, manter uma constância e, acima de tudo, melhorar continuamente.

Aplique o método FARM para o seu desenvolvimento pessoal, profissional ou em qualquer área que você deseja transformar. Lembre-se: com foco, ação, análise de resultados e melhoria contínua, você construirá uma vida mais próspera, abundante e alinhada com seus sonhos e objetivos.

Ao seguir esse caminho, você perceberá que virar o jogo não é um evento pontual, mas uma jornada de crescimento e autotransformação diária, um processo que carregará até o fim da vida.

> **Lembre-se sempre:** defina seu foco, aja com determinação, avalie seus resultados e sempre busque melhorar. A mudança que você deseja está em suas mãos, pronta para ser cocriada.

PILAR 7 EM 5 TÓPICOS

1. **Ciclo de evolução, prática e constância:** O Método FARM é uma abordagem contínua de foco, ação, avaliação e melhoria que pode ser aplicado em qualquer âmbito da vida. Sua prática constante ajuda a construir uma vida mais próspera e alinhada com seus objetivos e sonhos.

2. **Foco – Defina prioridades claras:** Concentre sua energia em objetivos específicos e metas claras. O foco ajuda a eliminar distrações e direcionar seu tempo para o que é realmente importante para alcançar seus resultados.

3. **Ação – Transforme intenção em movimento:** Atue de forma determinada e proativa para alcançar seus objetivos. A ação é o que conecta seus sonhos à realidade, e a disciplina é essencial para avançar em direção às suas metas.

4. **Resultado – Avalie seu progresso:** Acompanhe atentamente seus resultados para entender se suas ações estão gerando o impacto desejado. Avaliar o progresso regularmente permite identificar o que está funcionando e ajustar o que for necessário.

5. **Melhoria contínua – Cresça constantemente:** Aprenda com seus erros e sucesso e busque aprimoramento constante. A melhoria contínua garante que você esteja sempre evoluindo, ajustando estratégias e buscando maneiras de agir de forma mais eficaz.

CONCLUSÃO

Parabéns por ter chegado a essa etapa! Uma jornada de autodescoberta e transformação nunca chega ao fim. Agora é hora de colocar em prática tudo o que aprendeu.

Vire o Jogo – Cocriando Prosperidade é mais do que um conjunto de estratégias e ensinamentos; são pilares para a vida que você escolhe construir a partir de hoje.

O caminho para a prosperidade começa com a decisão firme de mudar, acompanhada do compromisso constante de colocar cada um dos pilares em ação.

Ao longo dos capítulos, exploramos conceitos essenciais que formam a base da cocriação da realidade que você deseja. Falamos sobre o poder do compromisso consigo mesmo, da gratidão, da prática diária de reprogramação mental e de visualizar a abundância. Aprendemos que a transformação acontece de dentro para fora e que cada pensamento e palavra são sementes plantadas em nosso jardim interno. Por isso, praticar o jeito FARM – Foco, Ação, Resultado e Melhoria Contínua – torna-se um estilo de vida, uma bússola que guia cada passo e mantém você alinhado aos seus objetivos.

Ao virar o jogo, você assumiu o papel de cocriador. Lembra-se das limitações que desafiamos juntos? Aqueles padrões de escassez, as crenças limitantes e os hábitos de reclamação que, antes, eram barreiras para seu crescimento.

Agora, você entende que a verdadeira prosperidade não depende apenas de condições externas, mas de uma mentalidade e de uma vibração que você constrói diariamente. Cada prática de visualização, cada exercício de reprogramação e cada meditação é um passo para alinhar sua vida com a abundância que você merece.

Esse é um compromisso que você renova todos os dias: manter o foco no que deseja, agir com propósito, avaliar seus resultados e buscar sempre melhorar. Virar o jogo é mais do que alcançar um objetivo específico; é viver em harmonia com seus sonhos, aprender com os desafios e continuar evoluindo. Não existe um ponto final, mas sim um crescimento contínuo.

O universo está pronto para responder à sua vibração elevada, trazendo mais das oportunidades, das conexões e das realizações que você almeja. Tudo o que você precisa

CONCLUSÃO

já está ao seu alcance; basta acessar, nutrir e fortalecer diariamente o poder de cocriação que existe em você.

Lembre-se: você possui a chave para transformar sua vida e viver com prosperidade. E cada vez que você decide virar o jogo, o universo responde com abundância. Hoje e sempre, escolha a realidade que deseja viver.

Afinal, você está em plena jornada de cocriação, e o melhor ainda está por vir.